JN408727

하늘 눈빛

지성 · 감성의 메타언어

조선문학시인선 • 243

하늘 눈빛

임 영 옥 시집

조선문학사

책머리에

진솔한 삶과 영혼이 담겨있는 내면을 표출한다는 것은 순수 그 자체이며 글은 순수 자체의 표출입니다. 이를 시로써 표현하는 것은 어려운 작업이지만 새로운 세계에 도전하는 나만의 길이며 삶의 방향이기도 합니다.

좋은 글은 치유의 힘, 재생의 역할을 하며 읽는 이의 영혼과 심층부에 가 닿습니다.

풍요속에서는 사람이 타락하기 쉽고, 우리가 불행한 것은 경제적인 결핍 때문이 아니라 따뜻한 가슴이 없기 때문입니다.

글로선 메워지지 않는 마음의 공허
사랑하는 사람들의 따스한 눈길을 바라는 마음입니다.

2008년 初秋
임 영 옥 씀

임 영 옥 시집

하늘 눈빛

차례

제1부
아름다운 생각

제2부
사랑의 변주

제3부
밀물과 썰물

제4부
계절의 흐름

시집 평설

제1부

아름다운 생각

아름다운 생각 · 1

삶이 힘들다고 미리부터
원망하지 말고

스스로 작아져
눈물 흘리며 괴로워하지도 말 것이

세상 살다 보면
많은 것을 잃고도 얻느니

드넓은 광야를 날아가는 바람처럼
감당 못할 기쁨으로

행복을 꿈꾸어 보리라

아름다운생각 · 2

좋은 충고를 받아들이지 못하고
분노하는 이유는
상대의 말이 맞다고 느끼기 때문 아닌가?

당신이 당신 자신을 받아들이지 못하는 것이
바로 진정한 분노의 이유이니
자신을 다스려 볼 일이다

아름다운생각 · 3

죽음은 우리의 인생과 너무 밀접하게 가까이 놓여 있다
하이데거가 인간을 '죽음에 붙여진 존재'라고 규정했듯 죽음은 우리가 먹는 음식 우리가 누리는 쾌락 우리가 보내는 시간 속 그 어디에도 조금씩 독(毒)처럼 녹아 있다
그런데도 불구하고 우리는 죽음이 자기와 상관없는 남의 일인 것처럼 잊어버리고 있을 뿐이다
살아있는 생의 뒷면이 바로 죽음 그 자체임을 애써 부정하며 쾌락으로 도망치지 말고, 착한 마음으로 승화시켜 볼 일이다

아름다운생각 · 4

변하지 않는 사랑이 있는 건 가족이다

내 영혼이 이어지는 사랑이야말로
진정한 가족이다

진정한 가족을 구분할 수 있는
지혜를 가져 보라

나의 애인 나의 친구는
바로 마음으로 울타리 친 한가족이다

아름다운생각 · 5

혼자만 잘 산다고
행복할 수 없다

행복을 나눌 줄 알아야
행복해 질 수 있다

나누는 행복이
진정한 행복이다

만남

바람 때문이었을까
꽃잎 때문이었을까
그도 아니면
달빛 때문이었을까

가슴과 가슴 당겨
한 자리에 앉은
만남

꼭 이유가 있었던 것도
아닌데
그렇다고 없었던 것도
아닌데

아닌 것 이 인연이 될 줄이야
인연이 되어
만남이 될 줄이야

고독

창을 타고 흘러내리는
고독은
달빛만은 아니다

달빛보다
내 흉벽을 타고 흘러내리는
아픔 때문이다

처방전이 없는
무엇으로 치유해야 할지 모르는
아픔으로 아픔을 다스리는

사랑이라는
중병

삶

질긴 고독을 풀어 쫓으면
한사코 줄행랑치는 새벽
잡아 포박할 수 있을까

날고 싶은 하늘
밤은 한사코 어둠을 풀어 덮어버리고
퍼덕이던 날갯짓은
꿈의 조각들로 흩어져 버린다

흩어진 꿈조각을 주워 모아
다시 아침을 짜 맞추는
새벽녘

떠오른 해를 기다리며
하루치의 삶을 엮어본다

상처 · 1

단풍의 아름다움이
어찌하여
아픈 상처를 도지게 할까

도져
그리움에 적셔 날 세워
칼끝이 되고

칼끝이 되어
가슴을 후비기도 할까

아픔으로는 흘릴 수 없고
흘릴 수 없음으로 눈물이 없는 울음

그런 울음
가슴으로 울어 본 이는 알 것이다

흘린 눈물 보다 더
슬픈 울음이란 걸

상처 · 2

바람 불고

비 뿌리고

흐리고 궂은 날엔

도지는

아픔 하나

이런 날엔

가슴에 깁스를 한다

행복한 사람

비 내리는 날에 고무신 끌고
찾아갈 수 있는 친구가 있다면

공허한 마음을 투명하게
열어 보일 수 있는 친구가 있다면

까닭 없는 슬픔에 막걸리 한 사발로
평온해지는 친구가 있다면

나는 행복한 사람

누구라도 상관없다
인생을 아는 성숙한
그런 친구 벗한다면

나는 행복한 사람

미완성

아주 오랜 시간…
아무 소리도 들리지 않았습니다
아름다운 그 무엇도 보이지 않았답니다

내 진정 부르고자 했던 노래를
아직까지 부르지 못함은

당신의 자리를 마련하는데
오랜 시간이 흘렀기 때문입니다

그 언제인가…
세상사 살아가는 소리가 정겨웠습니다
아침을 시작하는 소리, 저마다 담소하는 소리, 사람들간의 시비거는 소리
모든 게 설레임이었습니다

들리지 않는 소리를 들을 수 있고

보이지 않는 아름다움을 볼 수 있었으니…
우리의 사랑입니다

그러나
쓸쓸하게도
외롭기도
서럽기도 한 것은

인생은
모든게 미완성이듯
우리의 사랑도 아직은
미완성인가 봅니다

인생열차

세월은 두 레일 달리는 기찻길
달리고 달리며 넘는 고갯길
인생이란 이름의 급행열차에
사랑도 추억도 동행하지요
행복이란 이름의 인생열차에

멀어질수록 가까워지는 저쪽은 어디
어디인지 몰라도 그리움이 피는 곳
그곳에도 사랑하는 사람들 살고 있겠지
사랑 싣고 행복 싣고 달리는 열차
행복이란 이름의 인생열차에

비(悲)

비(悲)가 비되어
내리는 날엔
가슴에 고였던
봇물이 넘쳤다

넘치기보다는
토했다는 말이 더
적절한
쏟아내는
비(悲)

비가 비(悲)를
비(悲)가 비를
부둥켜안고 우는 날엔
하늘도 울었다

아픔

가슴은
파도

밤 새 뒤척이며
불면의 파도로 출렁였다

잠들지 못하는
물새 한 마리

울다
울다
잠이 들었다

잠속으로
달빛 구름다리 삼아 찾아오는
그리움

그리움의 바다는
가슴이었다

정적

단단한
알맹이로 영글어 간다

깨물면
오도독 소리를 내며
금이 갈
정적 하나가

겹겹으로 사랑을 감아
깨물어도 깨어지지 않고
단단한 알맹이로
영글어 간다

세월

나무들은
칭칭 허리에 감아
나이테를 새기고

강물은
등을 폈다 오그렸다
물결로 떠나 보낸다

인생이라고 다르랴
쉬임없이 멈춤없이
감긴 체 풀지 못하고
강물처럼 흘러가는 것을

단 한 발짝의
헛발질도 거부하는
나란한 행보의
세월

잃어버린 시간

어둠이 걷히면
밝음이 오고

세월 따라
계절도 자리를 바꾸는데

시간이 흐를수록 더 견고해지는
가고 옴을 거부하는
추억

잃어버린 시간의 소중함과
잊혀지지 않는 사랑 하나

시간 저쪽에 있다

상실의 벽

흑백의 스크린은 끝없는 긴 터널을
지나고 또 지난다

터질 듯한 외로움이
분노의 빗겨난 환상으로 시선을 정지시킨 채

견딜 수 없는 내 시샘에
갈 곳 없는 감정의 초점은 상실한 벽을 향하고

사라져 버린 형상마저
낡은 필름처럼 돌아가고 있어

또다시
긴 터널을 지나야 한다

희망

적막이 번져오면
나의 까만 눈동자를
당신이 달래 주었고

긴장으로 파르르 입술이 떨리면
따뜻한 입김으로 녹여 주었지

희망의 눈빛이 한 몸을 이루고
내가 당신에게
당신이 나에게 심어준 확신 하나
희망

그 희망 하나로
살아 간다

살기 위하여

살기 위하여
살아남기 위하여
살아있기 위하여
삶을 사랑한다

어둠을 거두고
허무를 허물고
절망을 일으켜 세우기 위하여
삶을 사랑한다

사랑하는 삶과
삶의 사랑으로 엮은
공간 하나
삶이라는 이름의

삶의 조각보

삶이 별것인가
조각보 펼쳐 놓으면
그것이 삶인 것을

네 귀퉁이 당겨
꽁꽁 묶어 두었던
묶어두고 펼치지 못했던
조각보

무엇을 싸가지고 가고
무엇을 풀어놓고 가야
삶다운 삶일까

쏟아지는 의문부를
다시 보자기에 싸본다

제2부

사랑의 변주

그리움 · 1

가슴이 본적지인
항시 출항을 서두르는
방랑벽

젖은 비오는 날이나
달빛 비삼아 젖는 밤엔
어김없이 도지는
방랑벽

천리를 돌아오고도
지칠 줄 모르고
뇌에 심지 적셔 켠 촛불로
밝히는 밤의 고독

그리움 · 2

사는 이유가 무엇이냐고
묻는다면
그리움이라고 대답하지요

왜냐고요?
그리움 없이는 살지 못하고
살아도 삶이 아니니까요

삶을 살찌게 하고
살찐 삶으로 일구는 것
사랑 말고
달리 또 무엇이 있나요

그리움으로 살찐 사랑만
그걸 알지요

사랑은

항시 저만치에 있는 것
저만치에 있어
닿지 않는 것

잡으려고 다가서면
다가선만큼 물러서는
다가섬과 물러섬으로
파도를 일으켜
가슴을 출렁이게 하는 것

어떤 날엔
잔잔한 왈츠의 파도로
출렁이다가
어떤 날엔 노도로 소리치는

그중 다스리기 힘든
내면의 바다

기다림

기다림도
마디가 생기는지
긴 목 뽑아 해바라기가 된다

해바라기가 되어
하늘바라기하고 서서
가을볕으로 영그는 무게를
이마로 거둔다

이마에선
밤나무 가지가 알밤을 쏟아내듯
기다림을
알알이 구워 쏟아낸다

매운 사랑

고추를 먹었다
너무 매워
뜨겁다는 것 외엔
아무것도 알 수가 없었다

그렇구나
고추를 먹으면 그러듯이
맵지 않은 사랑은
아리지도 쓰리지도 않는구나

슬픈 미소

행복한 미소 뒤에
늘 가려져 있었다

가려질 수록
행복 미소는 더 빛났다

빛날수록
어둠으로 밀려 난
웃음

슬픈 미소는
늘 그렇게 벙글었다
지워졌다

가슴으로

네 눈빛 마주치면
말을 잊는다
말하지 않아도 말을 건네는
미소가 있으니

말로는 고백할 수 없어
말 대신 얼굴 붉히면
가슴에 번져 벌겋게 물들까

물들어 사랑이 될까
사랑으로 번져
빨갛게 피워낼까

공허한 사랑 · 1

밤새워
퍼내고 또 퍼내고
드러나지 않는
깊은 흉벽속의 심연

밤새워
퍼담고 또 퍼 담아도
고이지 않는 공허

공허는 커다란
빈 독

빈 독에 가득히 채워지는
공허

공허한 사랑 · 2

비우지 않고
채울 수 있을까

채우면 또
비우는 것이 바른 이치 아니던가

이치야 어떠하건
채울 수도
비울 수도 없는
공허
하나

내 가슴인 것을

무지개 그리움

보지 않고도 볼 수 있는 얼굴 하나
그리움으로 그리지요
그려 마주하고 앉아
사랑느낌 전하지요

그리움은 일곱 빛 색연필
당신의 마음까지도 곱게 수놓지요
칠하여 띄우면 무지개
그대는 무지개 타고 오지요

그대 오시면 가슴의 비도
마음의 우수도 다 걷히지요
맑은 날에도 가슴에 걸린 무지개
사랑은 그렇게 일곱빛 무지개로
가슴에 구름다리 놓지요

평온한 사랑

그대가 오기로 한 그 자리에
쓸쓸한 바람 소리뿐
마음 한 자락을 서러운 강가에 띄워놓고
갈대숲길 돌아 나오면
어디선가 부르는 듯
뒤돌아보게 하는
가슴으로 귀동냥하는
사랑 있지요

가난한 사랑

네 앞에 서면 아무말도 못하는 나는
그냥 미소만 짓네

조금씩 너에게 다가갔다 돌아서는 나는
고백할 용기가 없나봐

말하고 싶은데 사랑한다고
용기를 내야지 네가 좋다고
너 없이는 잠재울 수 없는 마음이라고

너를 향한 내 마음은
별을 따다 가슴에 수를 놓는
크낙한 수틀

사랑하면 그래요

부르지 않아도
늘 그대 곁에 있어요
사랑하면 그래요

부름 없이도 곁에 있지요
그리움은 언제 어디서나
그대 목소리 들을 수 있는 수화기
사랑하면 그래요

사랑하면 그래요
가슴은 언제나 그리움을 풀어
그대 가슴에 닿지요

닿아서 나누는 속삭임 사랑인가요

오늘도 긴긴 그리움 풀어
그대 곁으로 사랑실어 떠나보내지요

낯설은 그리움

그리움도
낯설은 그리움이었을까

거꾸로
낯익은 그리움이었을까

설 건
익 건
잘 길들이면 준마가 되고
잘 못 길들이면 야생마가 되는

언제고 달려가
그대에게 닿을 수 있는
천리마 한 마리

가슴에 방목하여
기른다

흔들리는 사연

여름바다에 가면
만날 수 있을까
내가 사랑하는 사람

지는 낙엽 벗해
벤치에 앉아 기다리면
내가 그리워하는 이
만날 수 있을까

아니면
나란히 찍던 발자국 따라
다시 걸으면
그대 돌아와 함께 걸을까

침묵으로 살이 찌는
사랑이라는 이름의 당신
살이 쪄 갈수록 야위어 가는
내 가슴

나보다 더

나보다 더
생각하는 당신
당신 생각으로
나를 잊은 날

그리움이었을까
슬픔이었을까
아니면 보고픔이었을까

그 어느 것으로도 이름 할 수 없는
그러면서도 이름하고 싶은

사랑이라는 이름의
당신

연모

칭칭 동여 맨
동여매곤 풀지 못하는
동앗줄

풀면 풀수록 죄어오는
이 배리의 역작용을
무엇이라 이름할까

연모라 했던기
미처 몰랐네
연모가 쇠사슬인 것을

슬픔의 망각

잊으려 하면
할수록
잊혀지지 않는 것이 있다

지우려 하면
지울수록
또렷해지는 것이 있다

그리운 이름과
그리워하는 얼굴

망각으로 잊고 지우려 해도
슬픔으로 되돌아오는

가버린 날의
아픔 하나

그리움의 바다

가슴에
풀무질이라도 하는 날엔
젖은 마음 앞세워
바다로 갔다

바다로 가
그리움 파도 삼아
배를 띄웠다

노도 없이 젓는
그리움으로 만선이 된
배 한 척

뒤뚱이며
내 가슴을 건넜다

그리움은

그리운 날엔
비에 젖는다

젖어 우수와 함께
비속을 걷는다

발자국마다 빗물이 고이듯
마음에도 가슴에도
빗물이 고인다

그리움을 아는 날부터
나를 적시던
비다

뜨거운 이

심장이 뜨거운 이만이
사랑을 익혀낸다

심장이 뜨거운 이만이
그리움을 구워낸다

심장이 뜨거운 이만이
가슴에 심지 박아
불을 켜고

익은 사랑과
구워낸 그리움을 메뉴 삼아
행복한 식탁을 마련한다

순정의 연가

처음 만나
처음 느낀
예감 하나가
가슴에 동거했다

동거하면서
그리움이 되기도 하고
사랑이 되기도 하며
기쁨이 되기도 했다

지금은 기다림이 되어버린
번지를 달리하고 사는
당신

연정(戀情)

미미한 떨림의 가슴은 벅차오르고
변치 않는 순정은 무엇을 기다림이었나

길가에 흔들어대는 갈대의 유혹도
고개 숙여 부끄러워 하는구나

간밤엔 빗소리에 잠이 깨었구나
그대가 나를 흔들어 대는 줄 알았지

내 사랑은 소리나지 않아 더욱 소중하며
눈부시지 않아 그 향기 더해만 가는
편안한 들꽃, 그 변함없는 아름다움이기에

문득
길 잃은 나

이제
내 기쁨의 숲 속에 잠들고 싶은 것을

웃음꽃

말없이도
내 마음속을 보여주는 온화한 웃음
작은 사랑을 가슴속에 심어주네

노랗게 익어가는 벼이삭처럼
아름다운 웃음
그대 웃으면 나도 행복하게 웃음으로 맞네

가장 아름다운 웃음은
웃음과 웃음으로
피는 꽃

제3부

밀물과 썰물

새벽안개

어둠을 칭칭 감아
모기장에 가뒀던
아침 안개가 허리 틀며
이무기처럼 승천하고 나면
산 이마에 피가 돌았다

창을 열면
다가오는 산
안개에 말려 산그늘도
파랗게 열렸다

숲

밤새
사유의 숲을 헤맸다

길도 없는 길을
돌고 돌아
불면을 침대 삼아
뜬눈으로 세웠다

잠들지 못한
밤마다 기른 내 안의 숲은
계절도 없이
무성한 키로 자랐다

별 · 1

가슴이 언제나 슬프기만 한 것은

밤마다 떨어지는 이름 모를 작은 별

여린 가슴을 방망이질하고

떨어진 그 별은

바로 당신

별 · 2

별을 올려다 보면
밤은
늘 외로웠다

먼 곳
별자리가 아스라함 때문일까
아스라함으로도
가 닿을 수 없기 때문일까

별을 올려다보는
밤은
늘 외로웠다

푸른 하늘

햇살의 두께에
살이 올랐다

이마로 받아내기엔
무거웠다

나무들은
황금 도포라도 걸친 듯
치렁치렁 너풀대며
가지를 펼쳤다

그늘에 앉아 올려다 본
하늘에는

구름 한 자락이
푸른 물이 들어 있었다

달

가슴에 달이 뜨는 날엔
풍선처럼 부풀어
가슴도 달이 된다

달이 되어
사랑을 싣고
서녘으로 간다

이슬

바람 불고
낙엽 날리면
동그랗게
혀를 굴린다

굴린 혀로 어둠을 핥아 뱉는
이슬방울 하나
또르르 어둠을 말아
여는 아침

영롱한 보석으로
아침이
반짝 빛난다

자연산 송이버섯

음지를 무척이나 좋아하여
눈에 띄지도 않지

손길하나 마주치면
굵은 기둥에 느껴지는 힘

천둥 번개보다 짜릿해
가슴을 태워야만 발광하지

한 입에 쏘옥 들어올 땐
가쁜 숨에 목구멍이 닫히고

입안에 머물 때
은은히 퍼지는 그 향긴
4차원의 세계이네

값싸고 헤픈 팽이

크지도 않으면서 폼만 재는 먹불
눈길 빼앗으려 애쓰는 뽕나무
작고 엉성한 싸리
권모술수에 능한 화려한 독버섯

뭐니뭐니해도
자연산 송이가 일품이지

파도

바람 이는 날엔 가슴 파도가 된다
파도가 되어 출렁이는 바다
작은 쪽배 하나 사랑으로 띄우면

갈대숲에 달이 떠서 물결로 출렁이어
그리움으로 꼬아 맨 밧줄 끊고
그대 바다로 노 저어 간다

그대여
부를 수 없어도 부르고 또 부르는
사랑의 파도는 가슴 바다가 된다

지금은

그때 그 자리에
바람 불고 있을까
타는 노을 강안 물들이고 있을까
겹겹이 접은 사연
한 장씩 띄워 보내며
기다리다 돌아섰던 그때 그 자리

갈대의 속삭임에도 귀가 열리고
지나가던 바람옷자락 스쳐도
그대인가 싶어 고개 돌리던
지금은 세월의 풀들이 수북이 자랐을
그때 그 자리에
지금은 바람이 불까
타는 노을 강안 불들이고 있을까

좁은 길

펑 뚫린 고속도로엔
차보다 먼저
휭 하니 바람이 지나갔다

세상의 모든 종과 속이
서로 다르듯
하나도 닮지 않은 차가
왜 이리 많은 걸까

우로 굽은 표지판, 좌로 굽은 표지판
어렵사리 지났건만
또다시 등장한 안개주의 표지판
아무것도 보이지 않는 오리무중 암흑이었다

어디쯤일까 비스듬히 널브러져 있는 차 한 대
이어진 사이렌 소리 앞세우며
이빨을 드러낸 하이에나들이 달려왔다

그래도 지금

나는 하이에나를 피하여

고속도로를 지나야만 한다

고향

눈 감으면
더 훤히 드러나는 풍경
혹은 한 점 그림

침묵 속에서도 들려오는
소리 없이도 감겨오는
메아리

보지 않고도 보이는
이웃들의 얼굴

세월에 밀려 살면서도
그때 그 모습
그 시절로 정지되어 있고
변화를 모르는 무풍지대

그리울수록

쓸쓸할수록
더 많이 아파하는 사랑
사향

무제(無題)

가슴은 항시
출렁이는 바다

당신은 바다 건너
멀리에 계십니다

쪽배 하나 구해보지만
삿대가 없습니다

차라리 가슴 열어
바다째 흘려 보냅니다

익사해도 그만이지요
사랑했으므로

고목

정으로 울타리 친
내 안에 한 그루 나무가 있다

가슴에 흐르는 강물소리 듣고
꽃비에 젖으며

바람으로 스쳐 지나가
떠도는 새 한 마리

가지 없는 고목 둥우리 삼아
바람 벗삼아

축복처럼 맺어 영글
참 사랑의 열매를 키워본다

새벽 · 1

어둠으로
커튼을 쳤던 창들이
하나하나 불을 밝힌다

불을 밝혀
하루의 어둠을 몰아내고
빛으로 하루를 연다

빗장을 푼 현관이
열리고
열린 현관으로 아침이 들어온다

새벽은 그렇게 왔고
아침은 그렇게 열렸다

새벽 · 2

어둠을 밀쳐내고
말갛게 여명으로 열려오는
새벽

임무 교대를 한 듯
어둠과 빛의 어중간으로
하루도 함께 열린다

축복으로 받드는
새벽 기도로
하루를 시작한다

바다에서

시퍼런 울음을
토해내는
바다

수평으로 연
가슴에는
물새 떼 몇 마리

울음을 쪼아
이리 굴리고 저리 굴리며
파도타기를 하고 있었다

파도 위에 띄워보낸
배 한척
울음을 싣고
멀리 떠났다

밀물과 썰물

사랑은
밀물과 썰물
밀려갔다 밀려오고
밀려왔다 밀려가지요

가슴과 가슴은
두 바다
늘 출렁이며 배 한척 띄우지요

저어가고 저어오는
다만 정박을 모르는
들어왔다 다시 떠나는

사랑은
밀물과 썰물이죠

언제나 그 자리에

바래지지도
변색되지도
지워 지지도 않는
가슴에 나염된 얼룩
그리움

그리움으로 말하고
그리움으로 생각하고
그리움으로 노래하며 사는

나는
그리움의 새장에 갇힌
한 마리
새

그곳엔

밤마다 찾아오는
그대
어찌 꿈길이란
비밀 통로가 있음을 아셨나요

빗장을 걸고
열쇠를 채워도
그대 발자국 소리에
스스로 열리는 길

그대
사랑하나 봐요

숲 속에서

맑은 날 아침이면
풀잎은 이슬로 수놓은 옷을 입고

목에 이슬을 굴리며
반갑다 맞네

내 사유의 골짜기에
산길마다 가지로 자란 나무들이
울창한 숲을 이루고

나는
내가 가꾼 숲에서 길을 잃는다

제4부

계절의 흐름

계절의 흐름

봄은
한 잎 꽃잎

여름은
밀려갔다 밀려오는
파도

가을은
잘 익은 한 알의 실과가
실과의 무게를 축복으로 선
과목

겨울은
따뜻한 체온을 그리워하며
온기로 키우는 사랑

계절은 이렇게
왔다간 가고
갔다가 다시 오곤 했다

봄날에

시야에 들어오는 푸르름이
긋는 흔들림에
오선보가 된다

음계를 밟듯
겨우내 움츠렸던 새싹들
음부처럼 고개를 들고

이 산 저 산 동토처럼 금 그었던 외면
등돌려 마주앉고

내 기다림과
변함없는 사랑도 밀어가 된다

밀어가 되어 꽃잎으로 펼쳐지고
펼쳐진 꽃잎들이
파랑처럼 빨갛게 물든다

벚꽃 · 1

가지들은
꽃의 무게를 가누지 못해
길게 휘었다

흰 가지 그네 타듯
바람 올라앉으면
우수수
무게를 덜어내는
낙하

밟아도 밟아도
발병 안 나는 길인데

어쩌자고
가슴에선 녹아내리는 슬픔 하나
아픔으로 발병할까

벚꽃 · 2

꽃의 무게일까
향기의 무게일까
가지마다 휘어졌다

아무려면 어때
눈요기로도 배부르면
그만인 것을

가지너머로 드나들던
화혼인지
화신인지
눈에는 보이지 않지만

분명한 건
머물다 영원 저쪽으로 갔다는 사실이다

진달래 · 1

봄은 목하
생리중이다

산허리마다
생리대를 둘렀다

내 그리움도
주기를 맞았는지
지금 생리중이다

진달래 · 2

이름은 진달랜데
꽃은
불꽃이다

활활 타고도 성이 안 차는지
바위 벼랑을 기어오른다

최면에라도 걸렸는지
쳐다보던 눈동자들의
동공이 움직이지 않는다

불꽃에는 열기 아닌
마약기가 들어 있었다

단풍

내가 좋아하는
낙엽진 오솔길에

산새들의 합창과
시냇물이 교향곡을 연주하고

멀리서
갈새 우는 소리에
떨리는 마음

단풍도 그리움을 아는지
얼굴 붉히며
물들어 가고 있다

가을 여인 · 1

가을이 쓴
혈서(血書)

가을을 아름답게
사랑한 이만이
읽을 수 있는

육신을 던진
필사의 투신만이 건져 올릴 수 있는
피로 쓴 이름

낙엽

가을 여인 · 2

산길 타고 온 가을이기에
석양 아래 마른 잎으로 탄다

미풍에 나부끼는 억새는
산과 들로 번지는 불꽃 열기에
아프다 아프다 고함 지르고

발 밑
풀벌레도 가을 슬픔에 묶여
목 놓아 울어대고

타다만 낙엽이 뒹굴어
바람과
구름과
가을을 이야기 한다

가을 여인 · 3

낙엽 하나로도
행복하고
낙엽 하나로도
불행한

등을 보이기 싫어하면서도
등으로 낙엽 길을 걷는

이슬과
낙엽과
별로 생을 점치는
가을 여인

겨울 잎새

나목엔
차가운 바람에 떠는
잎새 하나

내 가슴속에 키워온
사랑의 가지에도
추억을 흔드는
잎새 하나

잎새 하나로
사랑과 추억의 무게를
매달고 있다

겨울여행

겨울여행을 떠난다
잡다한 일상들을
뽀드득뽀드득
발자국으로 남겨 뒤로하며
눈길을 밟는다

저무는 서녘 하늘에
걸린 낙조는
추억의 주마등

어느 날엔가 나란히 찍었던
발자국들이
하얀 눈밭에 금박된다

뽀드득 뽀드득
추억으로 끌고 가는
마차의 말발굽 소리다

겨울나무 · 1

진 잎들은 혼으로 날아갔다
혼으로 돌아왔다

붉은 본디의 모습대신
희고 차가움이
뼈 속까지 스몄다

꽃으로 피어날 수 없었던
잎새의 귀향

겨울나무들이
설화를 피워냈다

붉은 잎새 대신
하얀 꽃잎의 개화로
만개한 순수

겨울나무 · 2

앙상한 뿌리만으로 지탱하는
일그러진 마지막 잎새는
홀로 슬픈 눈으로 하늘을 본다

무성하던 가지들은 잠깐사이 다 떨어져
화려한 빛깔은
그리도 짧은 시간인 것을

욕망들에 목숨을 걸었던
지난 시간이 허무하여 쓸쓸해짐을

겨울나무는
알고 있다

▌시집 평설

정서의 다양한 형상으로의 이동 혹은 변용

박 진 환

(문학평론가 · 文學博士)

정서의 다양한 형상으로의 이동 혹은 변용

박 진 환
(문학평론가 · 文學博士)

1. 전제

시를 일컬어 언어로 그린 그림이라고 한다. 20세기 시는 언어로 그린 회화로 대표됐고 그 때문에 형상 미학으로 받아들여져 왔다.

회화란 주지하다시피 여러 가지 선이나 색채로 어떤 대상을 평면 위에 그려내는 것을 말한다. 그러니까 회화의 요소는 색과 선에 주어지고 그 때문에 시각미학으로 대표하는 예술형식이 된 셈이다.

19세기 시를 대표했던 정서나 관념 따위는 분명히 가슴과 마음에 지니고 있으면서도 선이나 색으로는 드러내지 못했던 게 사실이었고 그 때문에 평면성을 극복해주지 못했다. 이와는 달리 회화는 색과 선을 빌어 형상으로 빚어냄으로써 입체적 조형성을 드러내기 마련이었고 이런 소의로 해서 시간성의 평면 예술이 입체적 공간예술로 대체된 것이 20세기 시이기도 했다.

현대시는 정서나 관념에 옷을 입혀 형상으로 드러냈을 때 현대시라는 이름으로 불리어졌고, 이는 동시에 입체적 조형성이라는 공간예술을 필연화하게 했다. 그리고 또 그렇게 받아들이는 것이 자연스러웠다.

시각예술로 이동된 시, 그것이 회화 미학이고, 회화미학은 그것이 정서였건, 내면적이고도 정신적인 관념이었건, 이것들에 형상의 옷을 입혀 사물로 드러냈던 것이 20세기 시로서 시는 사물로 쓴다는 명언도 이에 해당된다.

정서와 관념이 사물로 이동되면 변용이 수반되기 마련이고, 변용이 수반되면 본디의 것이 새로운 모습으로 태어나는 낯설게가 필연화하게 된다. 그리고 낯익은 旣成, 旣存의 것과는 다른 새로움으로 태어나게 되어 창조에 값하는 것이 되게 된다.

이를 거꾸로 풀면 창조가 되기 위해서는 모습을 바꿔야 하고, 모습을 바꾸기 위해서는 낯설게 써야 하는데 그러기 위해서는 무형의 정서나 관념을 사물의 모습을 빌어 재구성해야 한다는 뜻이 된다.

이번에 두 번째로 상재한 임영옥 시인의 시집 『하늘 눈빛』은 바로 이러한 변용의 시법에서 시를 출발시킴으로써 다양하게 형상미학을 보여주고 있는데 이는 엘리엇의 피력으로 풀면 정서로부터의 도피요, 사르트르의 지론으로 풀면 사물로 쓴 시가 되게 된다.

시를 제시 구체화했을 때 이점 보다 극명해 질 것이고 동시에 시적 본질이나 변용의 시법도 구체화될 것으로 본다.

2. 변용 및 형상화의 여러 양태

시집 『하늘 눈빛』 에는 시가 4부에 나누어 수록되고 있다. 1부에서는 주로 사변적인 것들이, 2부에서는 사랑의 변주들이, 3부에서는 생활주변에서 만난 것들이, 그리고 4부에서는 계절 감각이랄까 자연 친화력을 발상으로 한 시편들이 주류를 이루고 있다.

분류는 이러하지만 시집을 관류하고 있는 대표적 특성이랄까, 본질적 바탕이랄까 하는 것들은 소재들을 다루는 변용의 솜씨에 의해, 그것들이 정서였건, 관념이었건, 혹은 기성·기존의 사물이었건 새로운 모습으로 태어나고 있다는 점이다.

이를 달리 지적하면 임영옥 시인은 그것이 정신적이고도 내면적인 것이든, 현상학적으로 주어진 사물이건, 또는 자연을 통한 계절 읽기든, 그것들을 새로운 모습으로 개조해 새로운 사물로 거듭 태어나게 하는 변용의 솜씨를 보여주고 있다는 점에 귀결된다.

2-1 관념의 변용

가) 삶이 별것인가
조각보 펼쳐 놓으면

그것이 삶인 것을

네 귀퉁이 당겨
꽁꽁 묶어 두었던
묶어두고 펼치지 못했던
조각보

무엇을 싸가지고 가고
무엇을 풀어놓고 가야
삶다운 삶일까

쏟아지는 의문부를
다시 보자기에 싸본다

나) 나무들은
칭칭 허리에 감아
나이테를 새기고

강물은
등을 폈다 오그렸다
물결로 떠나 보낸다

인생이라고 다르랴
쉬임없이 멈춤없이
감긴 체 풀지 못하고
강물처럼 흘러가는 것을

단 한 발짝의

헛발질도 거부하는
나란한 행보의
세월

다) 비우지 않고
채울 수 있을까

채우면 또
비우는 것이 바른 이치 아니던가

이치야 어떠하건
채울 수도
비울 수도 없는
공허
하나

내 가슴인 것을

예시 가)는 「삶의 조각보」 전문이고, 나)는 「세월」 의 전문, 그리고 다)는 「공허한 사랑 · 2」 의 전문이다.

'삶', '세월', '사랑' 따위들은 예외없이 관념의 산물들이다. 누구나 함께 하고 살면서도 단 한 발짝도 비켜 설 수도, 벗어날 수도 없는 숙명의 고리들을 걸고 사는 삶 자체들인 셈이다.

이러한 내면적이고도 정신적인 것들을 시인은 한 단면으로 재단하거나 사물로 대체, 재구성해줌으로써 현장미학으로 이끌어내고 있는데 예시 가)에서 '삶'을 '조각보'로 싸맨다든지,

나)에서 세월을 나란히 걷는 동행자의 '행보'로, 다)에서 사랑을 '가슴의 공허'로 사물화 하는 것 등이 그것이다.

해석하기에 따라서 '삶'이란 무엇이며 어떻게 살아가야 하는 것이며, 또 어떤 삶이 삶다운 삶인가 하는 의문부를 찍게 하기도 한다. 그래서 예시 가)가 보여주듯 그러한 의문부로 싼 '보자기'로 삶은 제시될 수 있게 된다.

예시 나)에서의 세월도 그렇다. 세월을 칭칭 허리에 두른 나이테로 나무들은 세월을 말하고, 중단됨이 없이 흐르는 물결로 강물은 세월의 영속성을 말하기도 한다. 그런가하면 충족하지 못해 늘 결핍을 느끼는 사랑일 경우 공허의 빈 '가슴'으로도 제시될 수 있다.

바로 이러한 관념의 사물로의 이동이 변용이고 사물로 쓰기가 되며 동시에 형상화를 이루어내는 시법이 되기도 한다. 임영옥 시인은 바로 이러한 내면적이고도 정신적인 것들에 사물의 형상을 부여, 현대시가 요구하는 변용의 미학을 실천할 수 있었던 것으로 보아주게 하는 부분이다.

2-2 정서의 변용

관념이 그러하듯 정서도 사물로 그려냈을 때 형상화가 이루어졌다고 하고, 또 이러한 형상화를 이루어내는 언어용법을 변용이라고 한다.

변용의 시적 용법은 관념의 형상화와 같은 방법에 의존하게 된다. 그것은 관념이나 정서가 다같이 내면적인 것으로서 이의 형상화를 위해서는 외양을 지닌 사물을 끌어들일 수밖에 없다는 점에서 그러하다.

가) 단단한
알맹이로 영글어 간다

깨물면
오도독 소리를 내며
금이 갈
정적 하나가

겹겹으로 사랑을 감아
깨물어도 깨어지지 않고
단단한 알맹이로
영글어 간다

나) 비(悲)가 비되어
내리는 날엔
가슴에 고였던
봇물이 넘쳤다

넘치기보다는
토했다는 말이 더
적절한
쏟아내는
비(悲)

비가 비(悲)를
비(悲)가 비를
부둥켜안고 우는 날엔
하늘도 울었다

다) 가슴에
풀무질이라도 하는 날엔
젖은 마음 앞세워
바다로 갔다

바다로 가
그리움 파도 삼아
배를 띄웠다

노도 없이 젓는
그리움으로 만선이 된
배 한 척

뒤뚱이며
내 가슴을 건넜다

예시 가)는 「정적」의 전문, 나)는 「비(悲)」의 전문, 그리고 다)는 「그리움의 바다」 전문이다. '정적'이라고 하는 정서적 산물이나, 悲라고 하는 정서 자체, 그리고 그리움이라고 하는 정서는 예외없이 누구나 체험한 바 있고 또 체험하면서 사는 보편적이고 일상적 항용의 정서다.

이 항용의 정서를 시인은 매우 특수한 사물을 빌어 정서이

입을 통해 개조해냄으로써 역시 사물로 쓰는 시를 보여주고 있다.

예시 가)에서의 '정적'을 견고하게 영근 '알맹이'로 변용해 깨물면 '오도독 소리를 내며 금'이 갈 것 같게 변용함으로써 사물을 빌어 정적의 강도나 견고성을 암시해주고 있는데 이 또한 사물을 빌어 개조해낸 변용이라고 할 수 있다.

예시 나)는 悲라고 하는 슬픔을 다루고 있는데 소리값이 같은 同音異義의 PUN을 적용, 내리는 '비'로 연계시키고 있다. 그 때문에 가슴에 서린 슬픔이 비의 봇물로 넘치게 함으로써 이 또한 펀을 빌어 성립시킨 재치있는 변용의 솜씨라고 할 수 있다.

다)에서의 '그리움'도 항용의 정서다. 그러나 이 정서를 그리는 대상이나 성질에 따라 가슴을 설레게도 하고, 아프게도 하며 슬프게도 한다. 이러한 그리움은 예시에서는 '가슴에/ 풀무질이라도 하는 날'이 암시해주고 있듯이 바람이 일면, 곧 그리움이 설레이면 가슴은 바다가 되어 출렁이게 되고 동시에 한척의 배를 띄우게 되는데 이는 그리움의 속성을 사물을 빌어 드러낸 역시 사물로 쓴 시가 되게 된다.

그리움의 경우도 관념의 경우와 같이 시는 사물로 쓴다는 사르트르의 시법에 의존하고 있는데 그 때문에 변용이 이루어지고 변용이 필연화하는 형상화가 이루어지게 돼 현대시법의 묘미를 체험하게 해주고 있다.

다음에는 내면적이고도 정신적인 무형의 것을 형상으로 이끌어내는 변용의 솜씨와 함께 기존, 기성의 것을 다른 모습으로 개조해 내는 변용의 시를 제시해 보기로 한다.

가) 봄은 목하
생리중이다

산허리마다
생리대를 둘렀다

내 그리움도
주기를 맞았는지
지금 생리중이다

나) 밤새
사유의 숲을 헤맸다

길도 없는 길을
돌고 돌아
불면을 침대 삼아
뜬눈으로 세웠다

잠들지 못한
밤마다 기른 내 안의 숲은
계절도 없이
무성한 키로 자랐다

다) 어둠을 칭칭감아
모기장에 가뒀던

아침 안개가 허리 틀며
이무기처럼 승천하고 나면
산 이마에 피가 돌았다

창을 열면
다가오는 산
안개에 말려 산그늘도
파랗게 열렸다

예시 가)는 「진달래 · 1」의 전문이고 나)는 「숲」의 전문, 그리고 다)는 「새벽안개」의 전문이다. 예시들도 흔히 주변에서 만나는 일상주변의 사물들로서 既成의 것들이다.

이 기성의 것들을 기성과는 다른 형상으로 개조한다거나 변용을 통해 해석을 새롭게 한다거나 하는 시법에 의존하고 있는데 이 역시 변용으로서 메타포의 적절한 활용쯤으로 보아줄 수 있게 한다.

예시 가)는 착상도 재치있고 표현도 돋보인다. 그런가하면 이를 내면적 정서에 오버랩시켜 통합시켜내는 상상력의 기발성도 돋보인다. 이만하면 어디에 진열해도 손색이 없을 것으로 보여지는데 봄이 되어 산자락에 만개한 진달래를 '봄은/목하 생리중'이라고 사물로 이동해내는 상상력은 컨시트에 값하고 있다. 그런가하면 이러한 현상학적인 것을 '내 그리움도/주기를 맞았는지/지금 생리중'이라고 동떨어진 것을 끌어들여 遠引的 비유를 성립시켜내는 통합에의 마술성도 돋보이는 부분이다.

예시 나)에서의 착상도 같은 맥락이다. 현상학적 숲이 아닌 '사유의 숲'으로 이동해놓고 '길도 없는 길을 돌게' 하는가 하면 '계절도 없이 무성하게 자라게' 하는 내면의 단면을 풍경으로 재구성해내는 전경화도 역시 돋보이는 부분이다. 그런가하면 예시 다)는 아침안개를 그 유사성을 지닌 '모기장'의 망사로 보면서 '어둠을 칭칭감아' 가는 것으로 연계시켜내는 상상력의 작용도 컨시트에 값할만 하다고 여겨진다. 그런가하면 안개가 개인 것을 '이무기처럼 승천하고 나면/산 이마에 피가 돋았다'도 동틀녘의 풍경을 교묘히 변용해내주고 있어 변용의 용법이 매우 돋보이고 있다.

3. 결어

이상으로 임영옥 시인의 두 번째 시집『하늘 눈빛』을 조명해 본 셈이다. 그 결과 임영옥 시인의 시는 그것이 내면적이고도 정신적인 것이었든, 정서적인 것이었든, 혹은 기성의 사물이었건 이를 변용의 시법으로 본디의 것을 새로운 것으로 개조해냄으로써 현대시가 요구하는 형상미학을 철저히 실천하고 있는 것이 되는데 이점 임영옥 시인이『하늘 눈빛』으로 거둔 시적 성과로 제시될 수 있을 것으로 본다.

•

임영옥 시인은 경기도 출신으로 간호대학을 졸업했고 전국 청소년 성교육 강사를 역임했다. 『조선문학』 신인작품에 시가 당선되어 문단에 데뷔했고, 여성백일장에서 시·수필 부문으로 수상했다. 현재 연예인예술인협회, 문인협회 회원으로 활동하고 있으며 시집에 「가을 안개길에」, 「하늘 눈빛」이 있다. E-mail, rim0042@hanmail.net

•

조선문학시인선 • 243

하늘 눈빛

2008년 10월 5일 인쇄
2008년 10월 10일 발행
지은이 / 임영옥
발행인 / 박진환
펴낸곳 / 조선문학사
등록번호 / 1-2733
주소 · 110-092 서울 서대문구 홍제2동 96-4
대표전화 / 730-2255
팩스 / 723-9373

ISBN 89-91811-91-4 03810

정가 7,000원

* 인지는 저자와 합의 하에 생략
* 잘못된 책은 서점에서 교환해 드립니다.